Martina Kügler

Frottagen

edition de l`œil

Mit großem Dank

an Tilman F.

für seine großzügige Geste!

Impressum:

Herausgeber und Copyright:
Hans-Jürgen Döpp,
edition de l`œil
Frankfurt am Main 2018
www.aspasia.de
Herstellung und Verlag:
BoD - Books on Demand, Norderstedt
ISBN 978-3-75281-5634

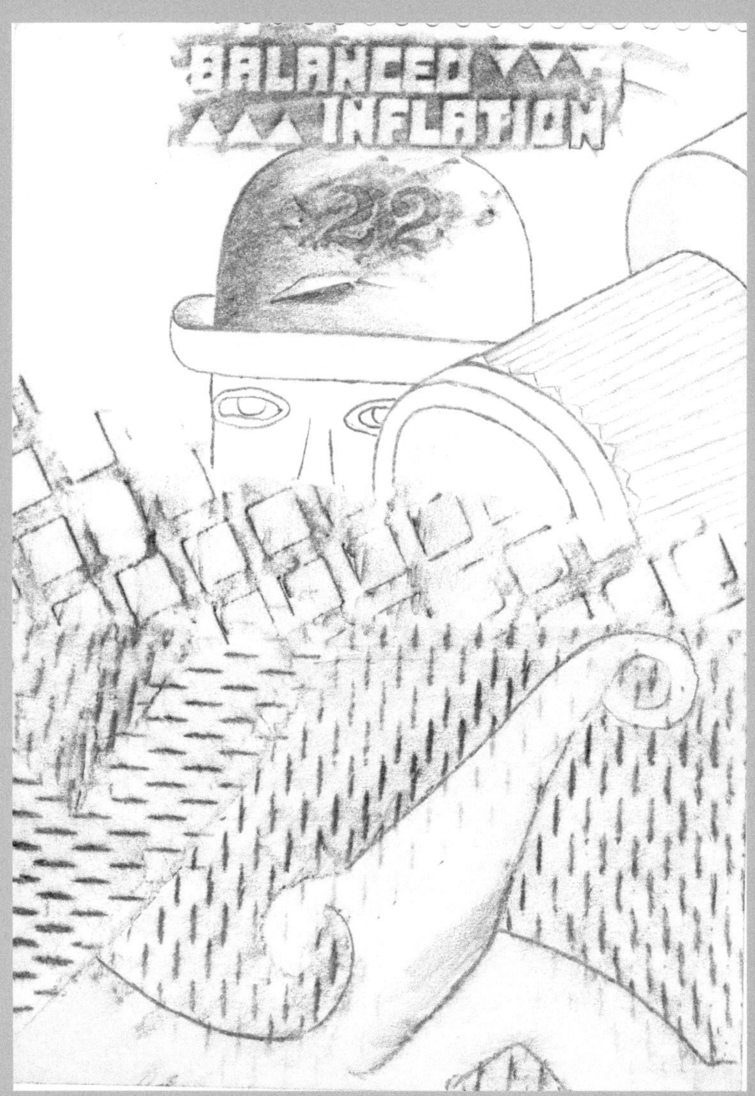

BALANCED
INFLATION
'22

HAUSMARKE
Sumatra Sandblatt
leicht u. mild

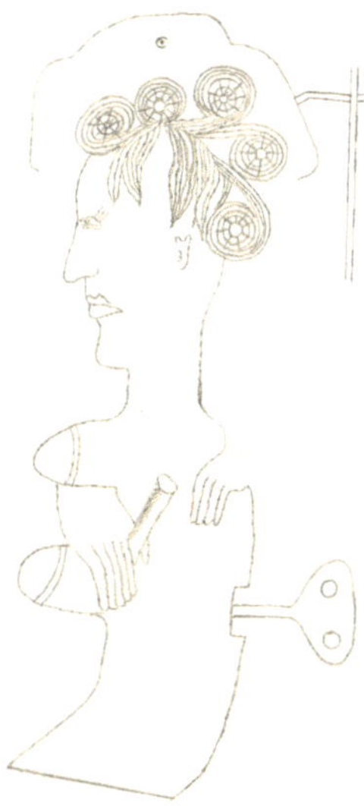

MARS

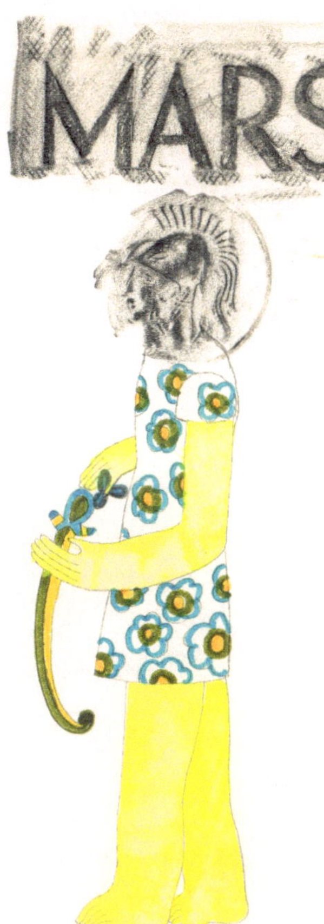

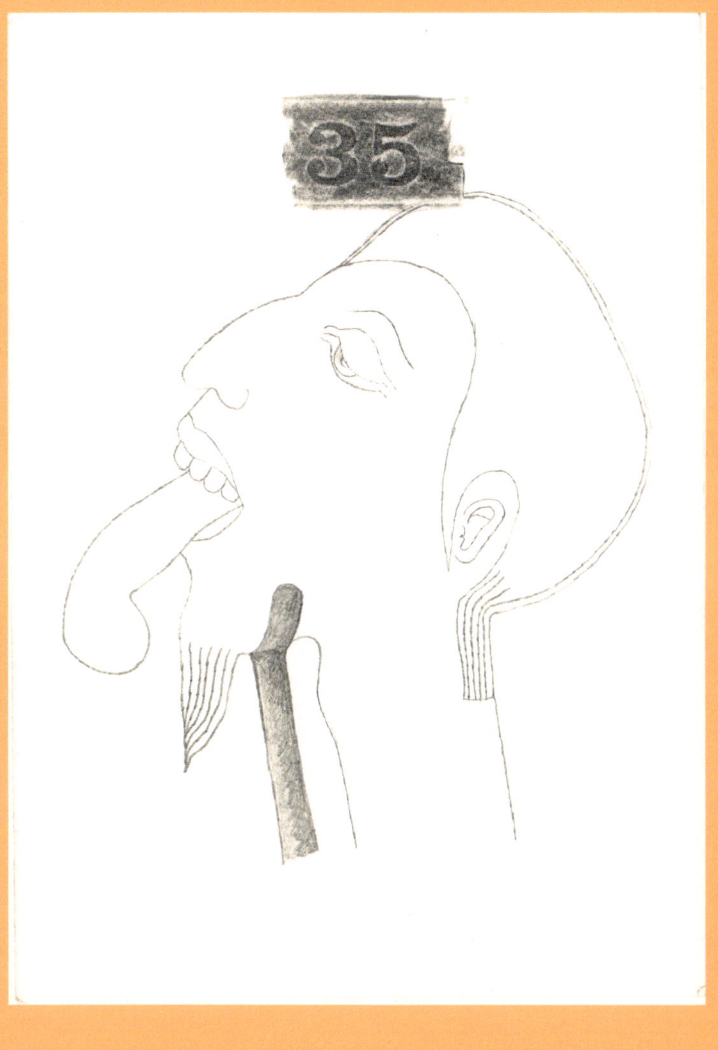

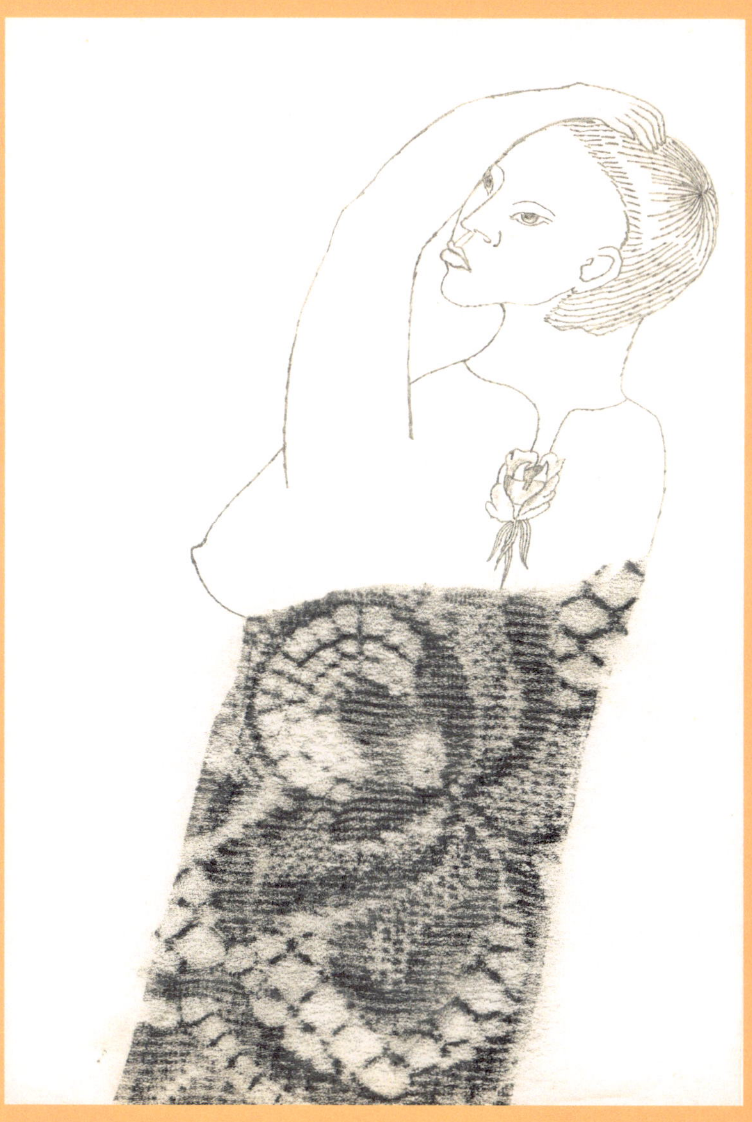

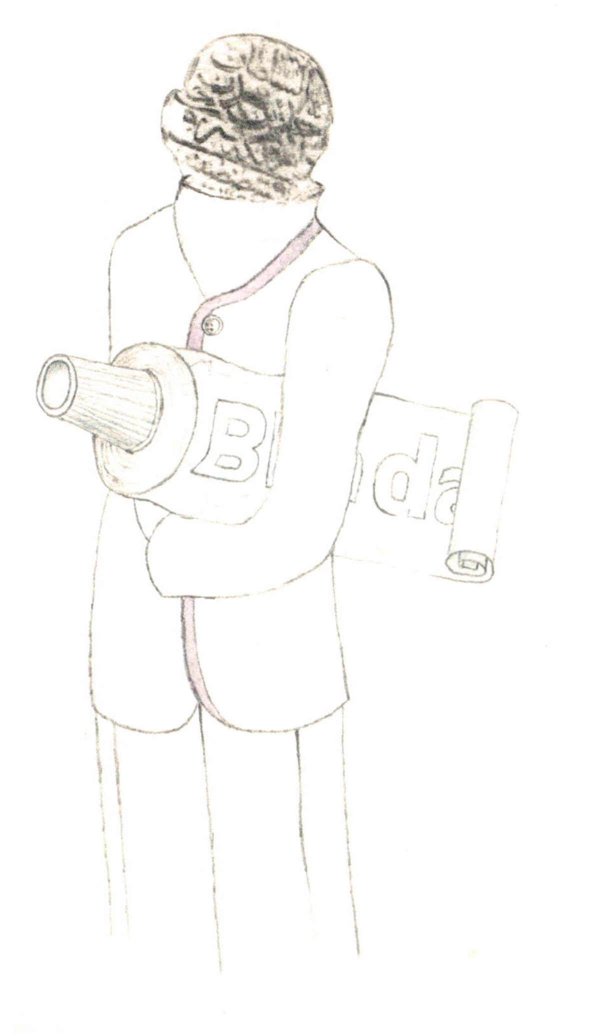

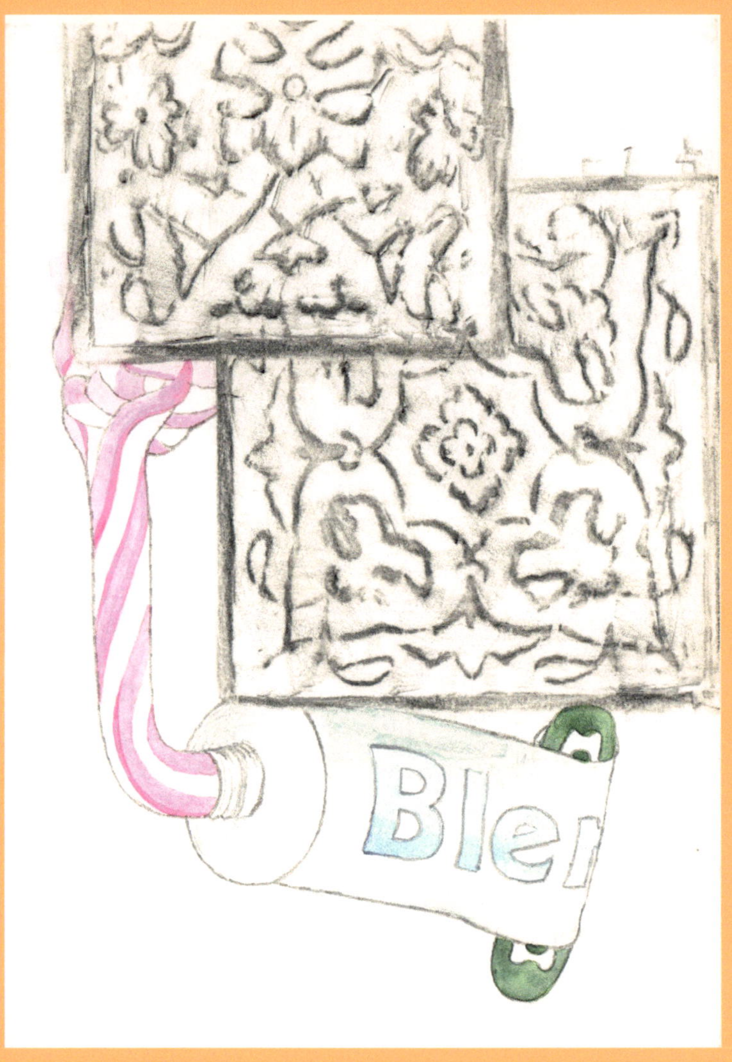
Blend

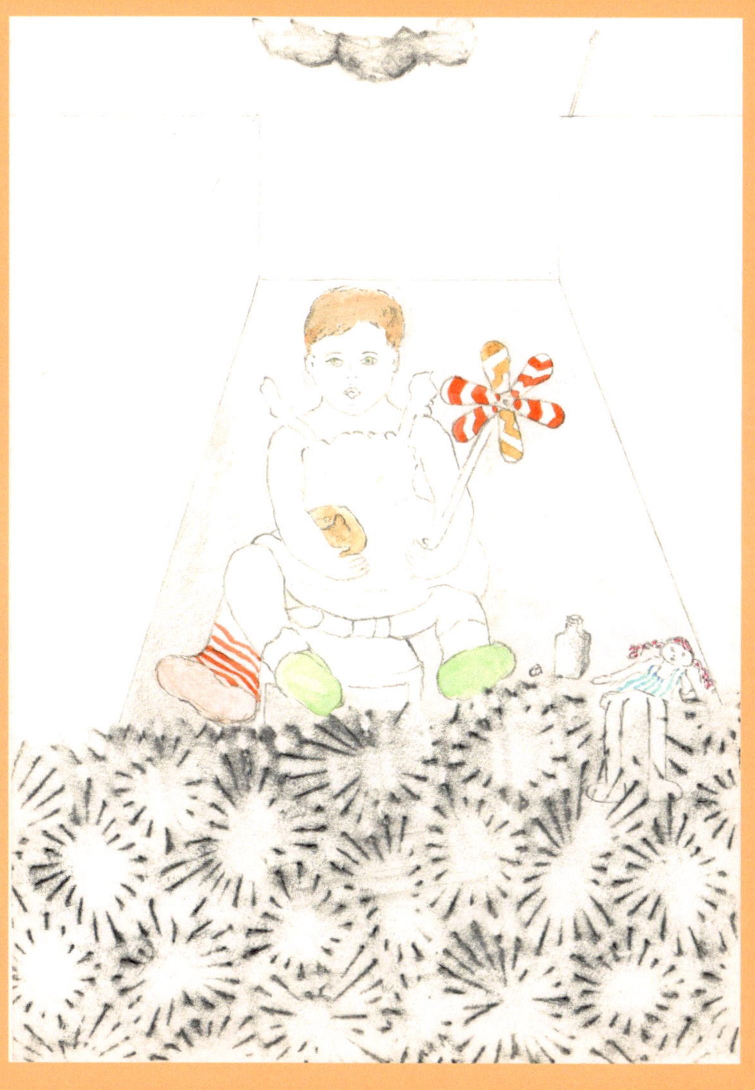

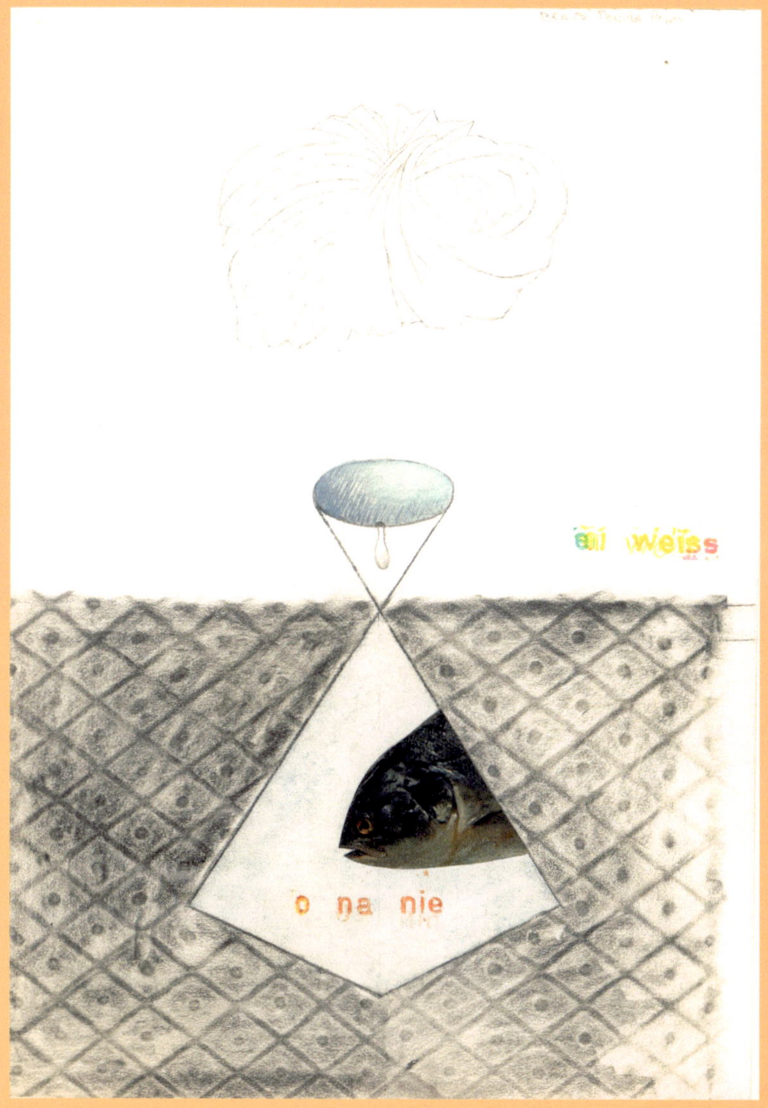
ai weiss
o na nie

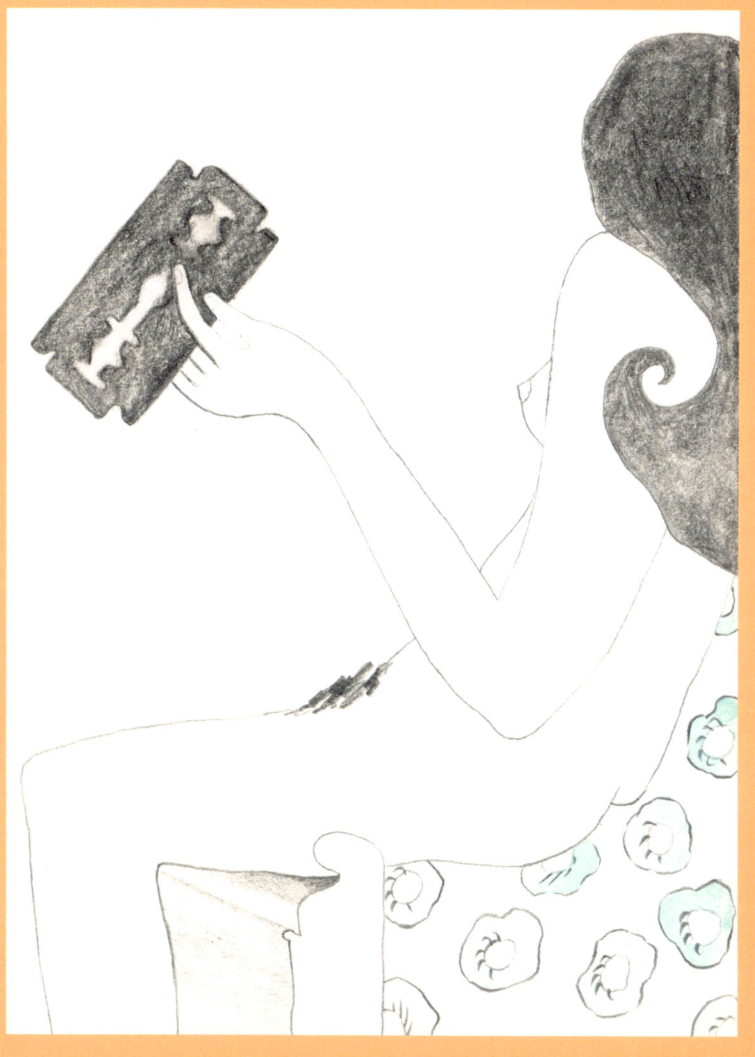

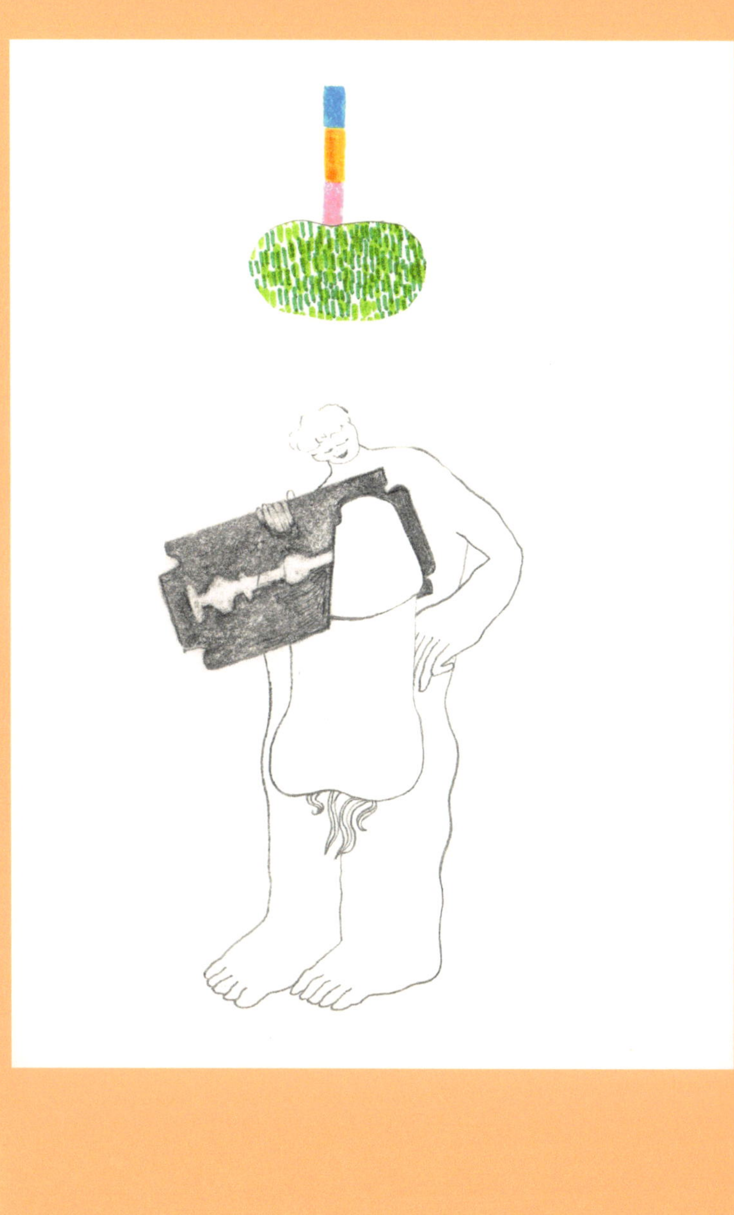

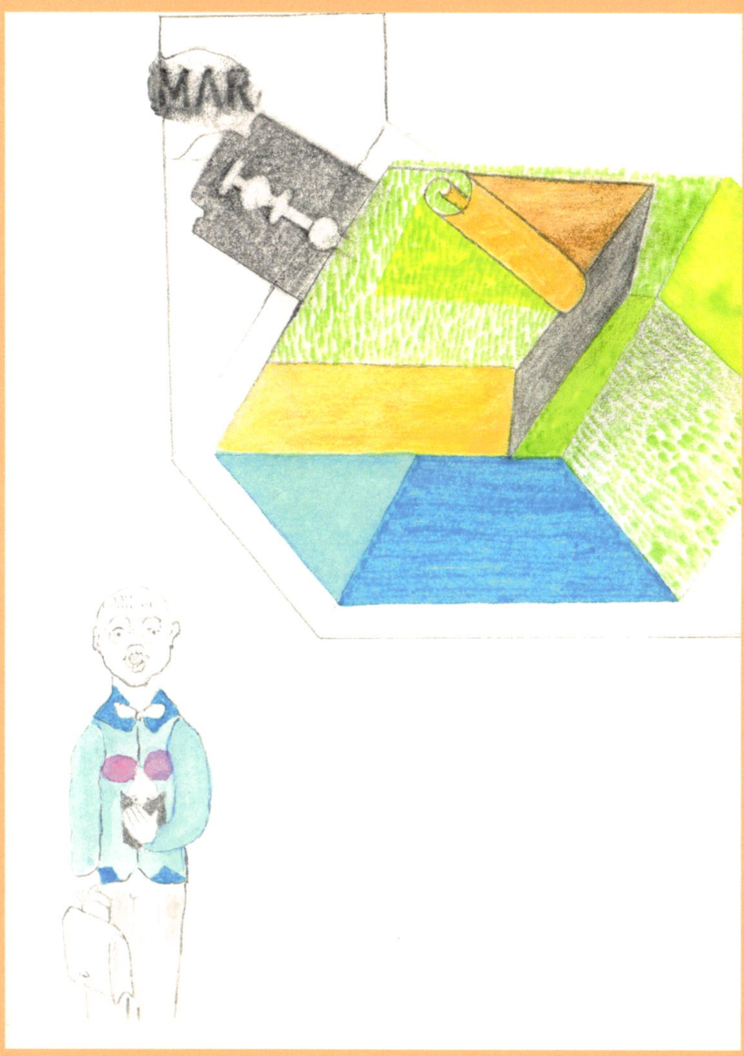

MAR

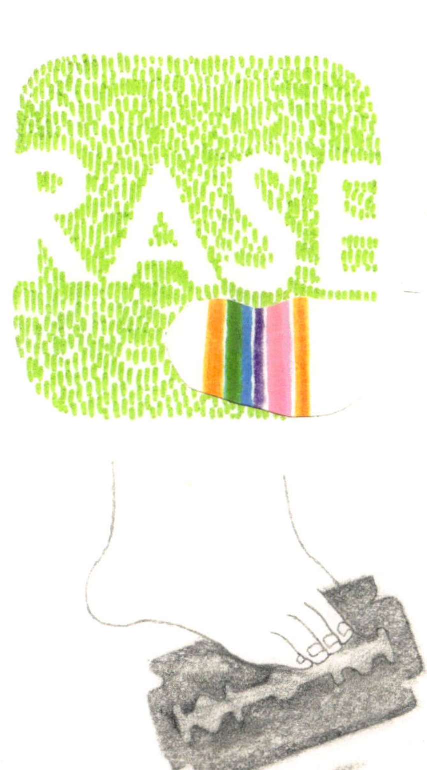

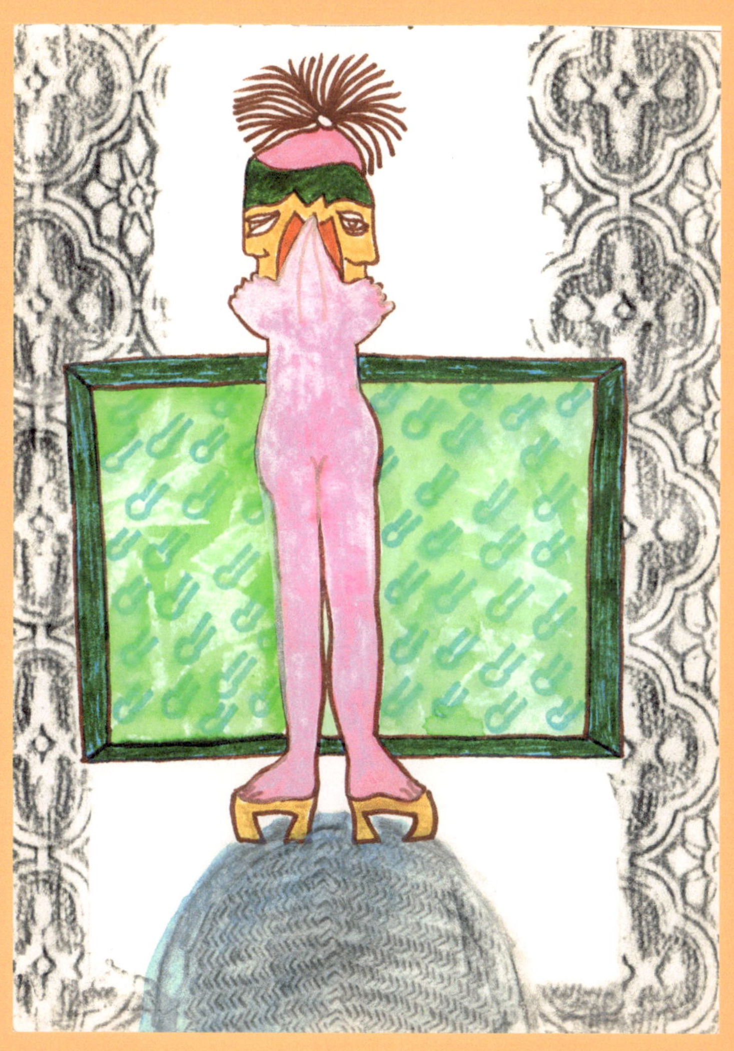

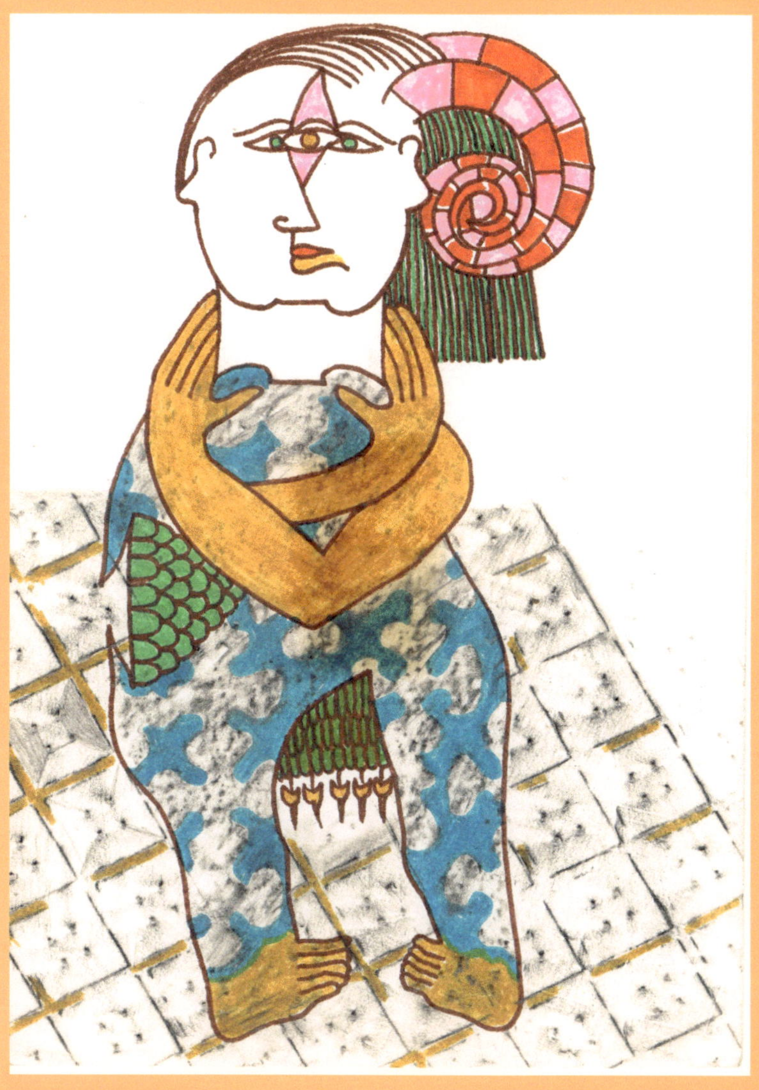

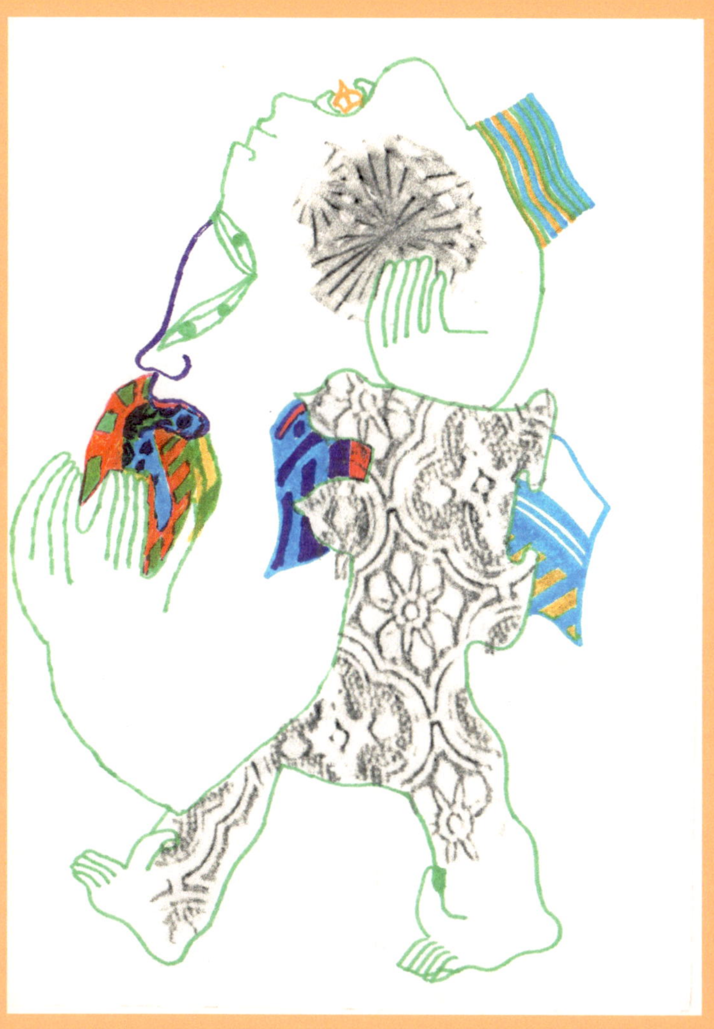

Diese bezaubernden kleinformatigen Arbeiten von Martina Kügler sind in den frühen 70er-Jahren entstanden, vielleicht sogar noch während ihrer Zeit in der Städelschule, die sie 1972 beendete. Sie zeigen ihre ungebändigte Experimentierlust und ihren grenzenlosen Einfallsreichtum, geprägt von Phantasie und Witz. Traumverloren wirken ihre einsamen Gestalten, und als wollte sie eine Prise Realität in ihre Arbeiten hineinholen, frottiert sie Partikel textiler Strukturen, Aufschriften von Zigarrenkisten, Kacheln und Münzen in ihre Zeichnungen hinein. Die Texturen von Stoffen haben hier weniger ein assoziatives, als ein dekoratives Potential. Anders - die kleine Serie, in die eine Rasierklinge eingearbeitet ist: sie deutet tiefgehende innere Verletzungen an. Schon in diesen frühen Arbeiten deuten sich Martinas Lebensthemen an, die alle späteren Werke durchtränken werden: Einsamkeit und tiefe Verletzung.

Mit der Frottage greift sie eine künstlerische Technik auf, die insbesondere Max Ernst Mitte der 20er-Jahre für die Kunst weiterentwickelte und für den Surrealismus fruchtbar machte. Surreal ist auch Martinas Werk, das in eine Dimension jenseits der Realität führt, ohne die Realität zu verlassen. Es zeigt sozusagen das Nichtidentische in dem, was uns allzu vertraut ist.

Hans-Jürgen Döpp

Martina Kügler

1945 geb. in Schreiberhau/Schlesien

1966 – 1972 Studium an der Städelschule in Frankfurt am Main bei
Johann Georg Geyger und Karl Bohrmann;

Zahlreiche Ausstellungen und Publikationen;

Vetreten u.a. in der Kunstsammlung der Deutschen Bank ;

Gestorben am 9.12.2017 In Frankfurt am Main.

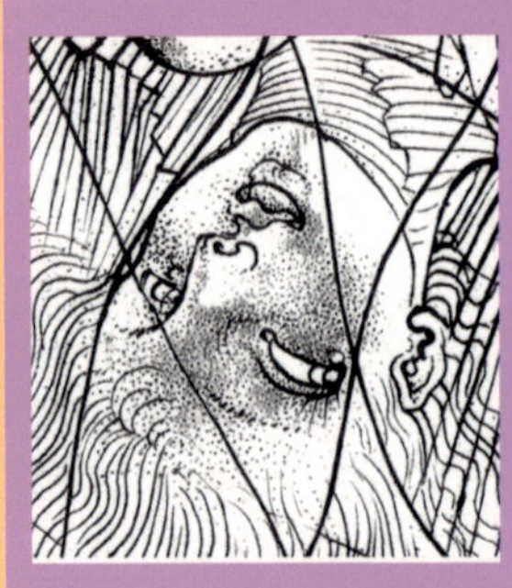

lovely books for lovers

edition de l`œil

www.aspasia.de